Brians Malschule

Wir malen Haustiere

Text und Zeichnungen
von Brian Bagnall

Loewe

Wir zeichnen und malen zusammen

Zuerst ein paar Worte an die Eltern

Bevor Kinder richtig sprechen können, kritzeln und malen sie bereits mit Stiften und Kreiden auf Papier. Sie versuchen mit Formen und Farben auszudrücken, was sie gerade beschäftigt. Später finden sie dann die köstlichsten Interpretationen für ihre Werke, die oft nur entfernt etwas mit der Wirklichkeit zu tun haben. Auch wenn es an zeichnerischer Perfektion noch mangelt, so wollen die Kinder doch alles genauso malen, wie sie es sehen.
Hier nun sollte die Hilfe der Erwachsenen einsetzen, die immer nur Anregung, nie aber Korrektur sein darf. Wenn das Kind entdeckt, was es mit Farben und Formen alles bewerkstelligen kann, eröffnet sich ihm eine Welt voller Phantasie und neuer Ausdrucksmöglichkeiten. Es ist noch neugierig und offen für Eindrücke jeglicher Art. Je mehr Anregungen es bekommt, um so größer wird seine Fähigkeit, Ideen und Gedanken umzusetzen.
Das ist es auch, was ich mit diesem Buch erreichen möchte: Anregungen geben, kleine Hilfeleistungen, die zu mehr Spaß beim Malen und Zeichnen führen sollen.

Was du brauchst

Eigentlich kannst du mit allem zeichnen, was du zu Hause hast, auch mit Bleistift auf Zeitungspapier. Trotzdem gibt es natürlich Stifte und Farben, die besser geeignet und trotzdem nicht teuer sind. Da macht das Malen noch mehr Spaß. Die Firma Pelikan, zum Beispiel, stellt alles her, was du brauchst. Dabei kann man sich darauf verlassen, daß die Farben umweltfreundlich und (ganz wichtig!) unbedenklich für Kinder sind (achte auf die Bezeichnungen „CE“ und „EN 71“ auf den Packungen).

Praktisch sind für den Anfang ein paar Wachsmalstifte. Damit kannst du Linien und Striche zeichnen, aber auch größere Flächen anlegen.

Für feinere Striche eignen sich Buntstifte.

Wenn du mit Farben malen willst, brauchst du einen dickeren Borstenpinsel für flächiges Malen und einen dünneren Haarpinsel für verschieden starke Striche, außerdem Deckfarben. Deckfarben sind auch deshalb gut, weil sie problemlos mit Wasser zu vermalen, hochergiebig und besonders deckend und leuchtend sind.

Natürlich macht es auch großen Spaß, mit Faserschreibern zu malen, weil man ohne große Vorbereitungen einfach loslegen kann. Es gibt da dickere und dünnere, je nachdem, was dir besser gefällt. Oder noch besser: Deckmaler – da ist echte Deckfarbe im Stift.

Nun brauchst du noch einen Zeichenblock. Den gibt es von Pelikan in verschiedenen Ausführungen und Größen. Pelikan-Zeichenblocks haben 90-g-Papier oder 120-g-Papier. Denn: malst du naß, ist dickeres Papier besser, weil es sich nicht so leicht wellt.

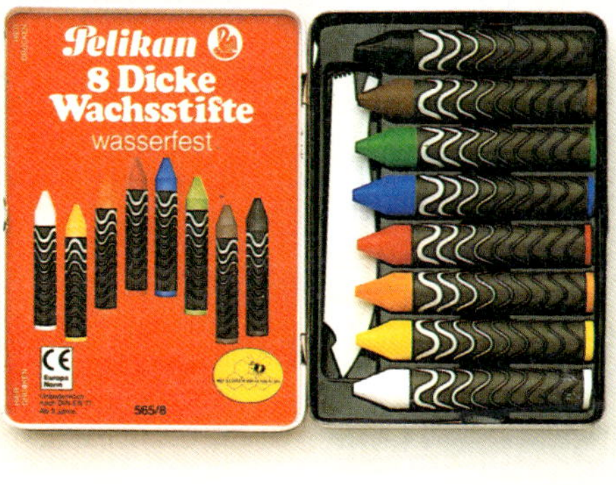

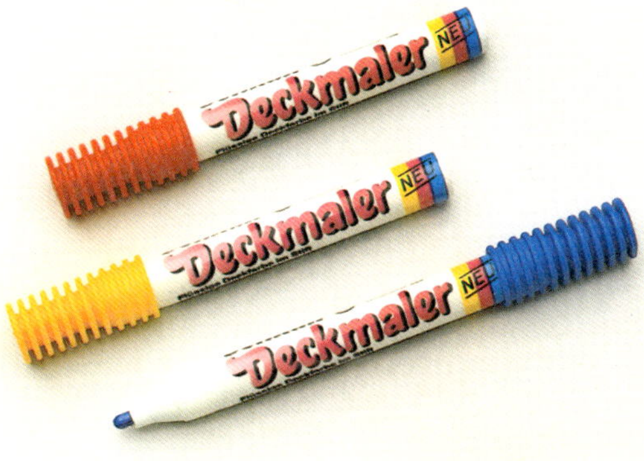

Zuerst ein paar Formen

Fangen wir mit einfachen Formen an, die du überall um dich herum finden kannst.
Schau dich einmal in deinem Zimmer um. Sicher entdeckst du da Quadrat, Dreieck, Viereck, Kreis und Oval. Vielleicht ist ja die Lampe rund oder der Schrank viereckig?

Auch bei den Tieren kommen diese fünf Formen vor. Zeichne ein paar davon zur Übung. Du kannst sie später immer wieder brauchen.

Natürlich gibt es auch noch viele andere Formen. Stelle dir einmal Wolken vor, Wellen oder Schattenkringel. Ein paar Formen habe Ich dir hier aufgemalt. Zeichne sie nach, und erfinde neue dazu!

Was du alles mit den Formen machen kannst

Wenn du ein Haustier hast, schau doch einmal, ob du an ihm auch einige der Grundformen entdecken kannst. Wir wollen nun versuchen, ganz einfache Tiere zu zeichnen.

Der Teddybär und der Hase bestehen nur aus Kreisen und Ovalen, der Hund aus Vierecken und Dreiecken. Bei der Katze sind mehrere Formen vermischt. Kannst du sie alle erkennen?
Probier es selber einmal!

Und nun zu den Farben

Die Welt ist voller Farben. Manche Farben sind klar, manche düster, manche leuchten, und manche wirken schmutzig. Bei all diesen unterschiedlichen Farben gibt es aber drei Grundfarben, die du immer wieder findest: Rot, Gelb und Blau.
Wenn du Gelb mit Blau mischst, bekommst du Grün. Mischst du Gelb mit Rot, bekommst du Orange.
Versuche es einmal!

Zeichnest du nun mit den gleichen Farben auf buntes Papier, sehen sie plötzlich anders aus. Du mußt also nicht immer nur einen weißen Untergrund nehmen, ein farbiges Papier kann eine ganz tolle Wirkung haben. Male doch mal mit Kreiden auf ein Stück Packpapier.

Wir benutzen beides: Farben und Formen

Schau dir noch einmal die Tiere auf Seite 8 und 9 an. Man kann zwar Tiere erkennen, aber sie sind ziemlich langweilig. Mit Farben kannst du nun jedem seinen eigenen Charakter geben und sie zu ganz besonderen Tieren machen. Du brauchst dich dabei nicht an die Wirklichkeit zu halten. Male deine ganz persönlichen Tiere. Die Farben helfen dir dabei.

Du siehst hier wieder die fünf Grundformen.
Findest du sie wieder in dem Vogel und dem Fisch?

Erst durch die Farben bekommen Hund und Katze einen richtigen Körper.
Mit welchen Farben würdest du sie malen?

Katzen

Katzen sind nicht leicht zu zeichnen, aber die Grundformen werden dir dabei helfen. Am Anfang kannst du sie dir vorzeichnen. Es genügt aber auch, wenn du sie dir einfach vorstellst.
Zeichne deine Katze nicht nur auf allen vier Beinen stehend – sie kann auch springen, laufen, sitzen oder schlafen.

Rennen

Laufen

Schlafen

Schau, was ich aus den Formen gemacht habe. Probier es doch mal mit einem dicken, faulen Kater. Fang mit einem großen Kreis für den Bauch an. Und wie machst du den Kopf?

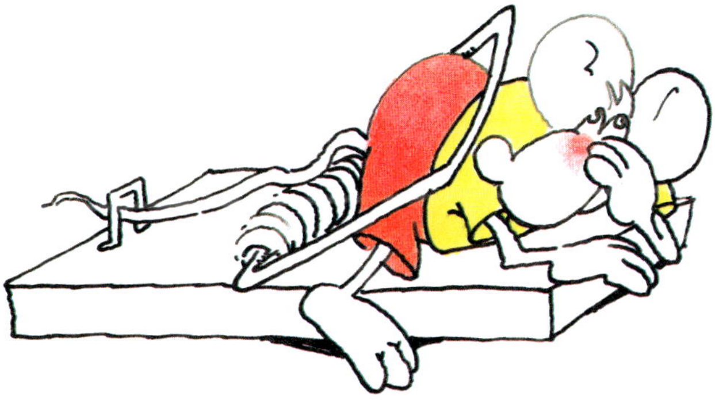

Hunde

Sicher magst du Hunde gern. Da gibt es große, kleine, dicke und dünne. Manche haben langes, manche ein kurzes Fell, und jeder hat einen anderen Gesichtsausdruck. Deiner Phantasie sind also keine Grenzen gesetzt.

Gehe wieder von den Grundformen aus. Weiche und runde Formen ergeben ein ganz anderes Tier als eckige und längliche.
Ich lasse meinen Hund hier springen. Was macht dein Hund?

Vögel

Vögel sind lustig zu zeichnen, weil sie so viele Farben haben. Außerdem passen sie in viele Bilder: Wenn du einen Baum zeichnest, kann ein Vogel darauf sitzen. Er kann aber auch über ein Haus fliegen oder durch eine Wiese laufen.
Und natürlich kannst du dir die drolligsten Figuren ausdenken. Da gibt es lange und kurze Hälse, dicke und dünne Bäuche, gerade und gebogene Schnäbel und so weiter.

Auch hier helfen dir die Grundformen. Wenn du ungefähr weißt, welche Form dein Vogel haben soll, kannst du ihm alle Farben und jedes Muster geben, das dir gefällt.

Fische

Wie bei den Vögeln kannst du auch bei den Fischen mit Formen und Farben spielen. Vielleicht hast du selbst ein Aquarium, sicher aber hast du schon einmal eines gesehen. Da gibt es so vielfältige Arten von Fischen, daß man wirklich denken könnte, ein Künstler hätte sie sich ausgedacht. Jetzt bist du der Künstler.

Beim Fisch kann man das Oval sehr gut benutzen, aber auch das Dreieck. Die Flossen können Phantasieformen haben und die Schuppen bunte Muster.
Zeichne doch einmal eine Fisch-familie!

Pferde

Nun kommen wir zu einem ungewöhnlicheren Haustier. Natürlich hat nicht jeder ein Pferd bei sich zu Hause. Aber vielleicht hast du schon mal von einem geträumt und bist in deiner Phantasie mit ihm über die Prärie galoppiert.
Ein Pferd ist nicht leicht zu zeichnen. Denn wenn man die Figur des Pferdes zu sehr verändert, kann leicht eine Kuh oder ein Esel daraus werden.

Hier helfen die einfachen Formen wieder: Oval, Viereck, Dreieck. Und natürlich brauchst du einen Schwanz - schon hast du den Grundriß für dein Pferd. Deiner Phantasie kannst du dann bei der Mähne, dem Schwanz und auch bei dem Gesichtsausdruck freien Lauf lassen.

Wo steht die Katze?

Nun kannst du deine Tiere zeichnen, aber das allein genügt noch nicht. Du möchtest doch sicherlich auch etwas über sie erzählen. Vielleicht willst du zeigen, wo sie gerade sind und was sie tun.
Schau dir einmal die Katze im ersten Bild genau an. Fliegt sie oder fällt sie? Steht sie oder springt sie? Du wirst sicherlich bemerkt haben, daß man es nicht erkennen kann. Aber mit Hilfe von Linien sieht es schon anders aus. Mit einer einfachen Linie steht die Katze plötzlich, die Linie wird zum Boden.
Zeichnest du die Katze über die Linie, dann springt oder schwebt sie.

Wenn du nun die Größe änderst, veränderst du auch die Aussage deines Bildes. So wirkt die große Katze ganz nah, die kleine Katze weit entfernt.
Und wenn wir den Strich vor die Katze setzen, verschwindet sie wie hinter einer Mauer.
Mach nun selbst ein paar Versuche mit deinem Lieblingstier und einer Linie!

Jetzt noch etwas zum Ausprobieren

Natürlich gibt es nicht nur Kreide und Farbstifte. Alles, was du an Malsachen zu Hause hast, kannst du verwenden. Und natürlich kannst du auch mehrere Mal- und Zeichentechniken mischen. Schau dir die Fische an. Jeder ist anders gemacht, und doch passen alle zusammen.

Der Fisch unten ist sehr farbenfroh. Für die bunten Schuppen habe ich Wasserfarben ineinanderlaufen lassen. Den Mund habe ich aus einer Zeitschrift ausgeschnitten und dazugeklebt.

Die Wasserpflanzen bestehen einfach aus dicken Pinselstrichen, in die ich mit Kreide hineingemalt habe.

Der schwarze Fisch ist aus Papier ausgeschnitten, und die Punkte sind mit Wachskreide hineingemalt.
Für den bunten Fisch habe ich Filzstifte benutzt und damit die Muster gezeichnet. Auge und Mund sind wieder ausgeschnitten und aufgeklebt.

Erkennst du, wie die Fischfamilie entstanden ist? Das sind Fingerabdrücke, in die ich Schwanzflosse und Augen hineingezeichnet habe. Die Wasserpflanzen ganz links bestehen aus Pinselabdrükken. Man drückt einfach den Pinsel mehrmals flach auf das Papier. Die beiden violetten Wasserblumen sind gezeichnet und ausgemalt.

Ein ganzes Bild

Zum Schluß verwenden wir einmal alles, wovon wir bisher gesprochen haben, in einem Bild: Formen, Farben, Bildaufteilung und natürlich verschiedene Tiere.
Ich bleibe bei der Katze – was fällt dir dazu ein?
Der Vogel im Mond ist mit Deckfarben gemalt. Sicher erkennst du die Grundformen darin.
Suche sie auch in den anderen Bildteilen.
Die Sterne habe ich aus verschiedenartigem Papier ausgeschnitten und auf den Himmel geklebt.

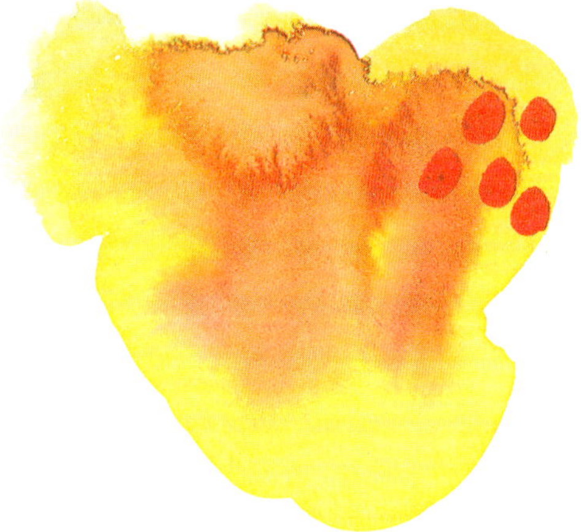

Das Fell der Katze: In die nasse gelbe Farbe habe ich rote Punkte hineinlaufen lassen. Je trockener die gelbe Farbe wird, um so weniger verläuft das Rot darin.

Die Mauer ist nicht schwer zu malen. Zuerst werden mit Kreide Vierecke gezeichnet. Mit Pinselstrichen werden die Zwischenräume ausgefüllt und dann mit einer anderen Farbe die Vierecke innen ausgemalt.

CIP-Titelaufnahme der Deutschen Bibliothek

Bagnall, Brian:
Brians Malschule: Wir malen Haustiere / [Brian Bagnall]
1. Aufl. - Bindlach: Loewe, 1990
ISBN 3-7855-2293-2
NE: HST

ISBN 3-7855-2293-2 - 1. Auflage 1990

Satz: Fotosatz Knab, Lintach
Gesamtherstellung: Mohndruck, Gütersloh
Printed in Germany